OnlyFans

La Guida Definitiva: Arricchisciti attraverso 24 consigli Pratici

Cassius Sciamanna

Prima di tutto, vorrei ringraziarti per aver scelto di leggere il mio lavoro. Sono molto grato per il tuo tempo e la tua attenzione.
Sono un autore esordiente e ho lavorato duramente per creare un contenuto che fosse fruibile per tutte le persone che vogliono entrare in questo mondo ma so che ci sono sempre margini di miglioramento.
È per questo motivo che ti chiedo alla fine del libro di considerare una recensione sincera. Voglio sapere cosa ne pensi veramente, anche se essa può essere critica, in modo che tutti possano beneficiarne. Sono qui per imparare e crescere come scrittore, la tua opinione è molto importante per me. Spero che la lettura possa coinvolgerti ma soprattutto aiutarti a scalare questo business giorno dopo giorno.
Buona Lettura!

SOMMARIO

1	La rivoluzione di OnlyFans: come il sito è diventato il nuovo hub della comunità erotica	v
2	Pornografia: da scandali ad indipendenza, cosa sta succedendo nell'industria	vii
3	OnlyFans: rispetta le regole!	2
4	Diventa un Content Creator: Benefici ed opportunità di guadagno	5
5	La Libertà di selezione dei contenuti: Divertimento garantito in estrema sicurezza	7
6	Iscriviti e parti con il piede giusto!	9
7	Premessa	10
8	La Guida Definitiva: 24 consigli pratici per arricchirti su OnlyFans	11

ONLYFANS – LA GUIDA DEFINITIVA

1. LA RIVOLUZIONE DI ONLYFANS: COME IL SITO È DIVENTATO IL NUOVO HUB DELLA COMUNITÀ EROTICA

OnlyFans è un servizio di sottoscrizione che sta rivoluzionando le connessioni tra creatori e fan. Lanciato nel 2016, OF ha attirato l'attenzione di molti offrendo un modo alternativo ai creatori di guadagnare con i loro contenuti.
Per molti, è diventata una piattaforma unica dove possono connettersi con i fan e condividere una varietà di contenuti, non solo foto e video sexy. Modelle, musicisti, comici e altri artisti hanno trovato in OF un'ottima fonte di guadagno. Il primo lockdown causato dalla pandemia ha portato ad un'esplosione del numero di utenti per OnlyFans. Un gran numero di persone è stato costretto a rimanere a casa e a non lavorare come al solito, quindi molte hanno cercato nuove opportunità lavorative in piattaforme di sottoscrizione come OF. Il sito ha così visto una crescita esponenziale sia tra i creatori che tra i consumatori dei contenuti.
OnlyFans offre agli utenti la possibilità di caricare contenuti come foto, video o live stream ed essere pagati da chiunque desiderino seguire il loro profilo. I fan possono scegliere se pagare un abbonamento mensile o acquistare contenuti on demand. Il servizio è diventato particolarmente popolare tra i creatori che producono contenuti per adulti.
La flessibilità del servizio offerto da OnlyFans lo rende un'alternativa interessante rispetto alle

piattaforme esistenti per adulti. Offre infatti maggiore controllo su cosa viene pubblicato e maggiore privacy rispetto ad altri siti web simili.

2. PORNOGRAFIA: DA SCANDALI AD INDIPENDENZA, COSA STA SUCCEDENDO NELL'INDUSTRIA?

Per decenni la pornografia è stata un argomento di discussione controverso. È stata accusata di essere degradante per le donne e di promuovere il sessismo. Eppure, l'industria è ancora molto redditizia, con ricavi annuali stimati a oltre 20 miliardi di dollari solo nel 2019.
L'ascesa di OnlyFans ha cambiato il volto dell'industria dei contenuti per adulti fornendo una piattaforma alternativa per i creatori il controllo dei propri contenuti e dei propri profitti. Questa nuova piattaforma ha permesso una maggiore indipendenza ai creatori di

contenuti per adulti, senza intermediari o studios che prendono una parte dei profitti. Inoltre, il modello di abbonamento di OF permette loro di stringere rapporti più stretti con i loro fan e di fornire un accesso esclusivo al loro lavoro. Nonostante ciò il mercato della pornografia non può sfuggire alle crisi, con l'80% di tutti i contenuti di pornografia online gestiti da MindGeek. In un mondo pieno di scandali e attrici costrette a prendere parte a comportamenti sessuali discutibili, OF ha offerto una alternativa: una possibilità per le sex workers di esprimersi liberamente con il proprio corpo ed essere pagati per farlo, senza doversi piegare alle politiche dell'industria tradizionale. Ora è finalmente arrivata l'opportunità di creare contenuti e guadagnarsi da vivere in completa autonomia e indipendenza artistica.

3. ONLYFANS: RISPETTA LE REGOLE

OnlyFans è diventato una delle piattaforme di streaming preferite da milioni di utenti in tutto il mondo. Ma solo perchè offre contenuti sbloccati a pagamento non significa che tutto ciò che viene pubblicato all'interno sia autorizzato. All'interno della piattaforma esistono alcune regole ben precise, che devono essere rispettate "al fine di mantenere la più alta integrità morale e promuovere un ambiente protetto".
Ecco alcuni tipi di contenuti vietati:

- Raffigurazioni di minori;
- Foto o video senza consenso scritto del protagonista;
- Pornografia o revenge porn;
- Armi da fuoco o bianche;
- Droghe;
- Autolesionismo o suicidio;
- Incesto;
- Sesso con animali;
- Violenza, stupro, sesso non consensuale, ipnosi, droghe dello stupro, abusi, sadomasochismo o mutilazione genitale;
- necrofilia e simili
- Promozione odio a qualsiasi razza ed etnia
- Contenuti privati diffusi senza l'esplicito consenso dell'interessato

- Nudità pubblica dove questa è esplicitamente vietata o in presenza di persone senza autorizzazione.

Se decidi di avventurarti sulla piattaforma ricordati sempre: leggi prima le regole! Solo così potrai goderti OF in modo sicuro e legale.

4. DIVENTA UN CONTENT CREATOR: BENEFICI ED OPPORTUNITÀ DI GUADAGNO

Su OnlyFans, ogni persona che ha più di 18 anni può iscriversi e diventare un content creator verificato. È possibile scegliere tra due profili: Fan Account per visualizzare i contenuti prodotti da altri utenti, oppure Content Creator con cui pubblicare le proprie creazioni. I content creator guadagnano dai loro fan tramite abbonamento mensile o annuale e possono inoltre vendere contenuti singoli (una tantum). OnlyFans trattiene il 20% della commissione come guadagno per la piattaforma. Content Creator famosi e celebrità possono avere successo con OF in quanto già molto conosciuti, offrendo così grandi opportunità di guadagno anche senza contenuti espliciti.

OF è una piattaforma altamente redditizia e offre grandi possibilità di guadagno a chiunque abbia i requisiti richiesti. Ricevere pagamenti da parte dei fan, creare contenuti esclusivi, sperimentare con diversi formati di contenuti, stabilire tariffe personalizzate e comunicare in modo diretto con gli utenti sono solo alcuni dei benefici offerti da OnlyFans.

5. LA LIBERTÀ DI SELEZIONE DEI CONTENUTI: DIVERTIMENTO GARANTITO IN ESTREMA SICUREZZA

Come accennato prima, è possibile scegliere di diventare un Content Creator o un Fan Account. Il primo ha i privilegi di distribuire contenuti e condividere la propria esperienza con altri utenti; il secondo invece può accedere ai contenuti esclusivi di un Content Creator.
Entrambi i profili usufruiscono di filtri per la selezione dei contenuti, che possono variare da creatore a creatore. L'uso dei filtri su OnlyFans assicura un ambiente divertente ma anche sicuro. Questa piattaforma è stata progettata con rigide misure di sicurezza, assicurando che tutti gli utenti abbiano accesso a un contenuto adeguato e nel rispetto delle normative sulla privacy.
Con un abbonamento, gli utenti dovranno sottoscrivere un prezzo mensile, generalmente di $3 al mese, per accedere a tutti i contenuti presenti sull'account. Oltre all'abbonamento, è possibile anche vendere video direttamente tramite messaggio privato, come suggerisce l'opzione Premium. I contenuti premium possono essere venduti in qualsiasi momento, con un prezzo da definire dal Content Creator.
Anche se OnlyFans offre opportunità di guadagno, non è solo una piattaforma di intrattenimento. Un obiettivo primario è quello di creare una piattaforma sicura, protetta e all'avanguardia con tecnologie

innovative che consentano a tutti gli utenti di divertirsi in totale sicurezza.

6. ISCRIVITI E PARTI CON IL PIEDE GIUSTO!

L'iscrizione è facile e gratuita: basta compilare il modulo online e allegare i documenti richiesti per dimostrare la maggiore età. Ricordati di mettere un social network pubblico mentre procedi con l'autenticazione, anche se l'avrai impostato in modalità privata. Tieni presente che per essere accettati su OnlyFans bisogna inserire un proprio account social in cui sia visibile il volto dell'utente altrimenti non verrà riconosciuto dalla piattaforma. Quindi se si apre un altro profilo su Instagram con foto senza viso quest'ultimo non servirà a nulla ed è necessario includere un vero profilo personale con le proprie immagini. Durante l'utilizzo della piattaforma ogni creator è riuscito a sviluppare una strategia che funziona per esso. Seguendo i consigli di questa guida potrete anche voi trovare la vostra. Abbi fiducia nelle tue creazioni, sapendo che non c'è niente di male nell'esplorare nuove strade per rendere le tue produzioni sempre più interessanti! Forse per te l'entrata nel mondo di OF può essere un po' complicata, ma con la pratica ed il tempo otterrai risultati di successo.
Un ultimo consiglio: sii sempre flessibile e porta la tua creatività al livello successivo!
Buona fortuna e buon divertimento su OnlyFans!

7. PREMESSA

La piattaforma è cambiata tantissimo negli ultimi anni ed è diventata quella che porta più soldi agli utenti. In questo libro, condividerò i miei consigli su come creare contenuti per adulti con questo sito, dall'iscrizione alla gestione del profilo, discuterò anche l'importanza della consapevolezza digitale e la gestione della privacy online; saranno inoltre affrontati i temi della sicurezza del contenuto, la tutela dalle frodi e l'ottenimento di abbonamenti da parte dei fan. Al termine del libro, gli utenti saranno in grado di sfruttare al meglio la piattaforma e avranno le conoscenze necessarie per condurre un'attività redditizia e produrre contenuti di qualità.

8. LA GUIDA DEFINITIVA: 24 CONSIGLI PRATICI PER ARRICCHIRTI SU ONLYFANS

Profilo pubblico = Vetrina
Se hai intenzione di creare un profilo su OnlyFans per fare soldi, sappi che non sarà semplice e veloce come potresti pensare. Per guadagnare in fretta, devi avere già una buona presenza su un social network o pubblicizzarti nella maniera più adeguata. Puoi anche sfruttare tutte le promozioni a tua disposizione come sconti per l'acquisto. Se non hai una rete di contatti ben definita, potrebbe esserti utile aprire un profilo gratuito, in modo da attrarre accrescere i tuoi seguaci. Puoi scegliere se creare un account pubblico o privato con la possibilità di collegare i due profili e passare facilmente da uno all'altro. Un account pubblico può essere usato come vetrina e attirare le persone regalando qualche anteprima senza censure. Inoltre, potrai utilizzare altri social come Instagram, Twitter o Telegram per mostrare cosa stai facendo e invitare utenti sul tuo profilo. Non bisogna dimenticare che questa piattaforma può essere usata non solo per adult content ma anche per altri contenuti come ricette di cucina o musica inedita e lascia libera la decisione su cosa postare. Quindi scegli il tuo target e inizia a creare!

Occhio alla privacy
È bene ricordare che su OnlyFans la privacy è una cosa da tenere sempre a mente. La piattaforma non consente infatti di condividere contenuti sensibili come informazioni personali o immagini private. Per proteggere al meglio la tua identità, dovrai impostare un account privato. Inoltre è importante sapere che alcune persone possono falsificare il tuo profilo e postare contenuti non autorizzati. Se qualcuno minaccia di pubblicare i tuoi contenuti senza autorizzazione, contatta immediatamente OnlyFans e segnala la violazione della privacy. Il mondo è pieno di persone che credono che con il materiale presente online si possa di tutto. Tuttavia, ci sono leggi in vigore per tutelare gli autori, e tra copyright e altre varie legislazioni non si può utilizzare nulla senza citare la fonte e rivendicarne il prodotto. Se qualcun altro utilizza il tuo materiale senza permesso, ha effettuato un'azione illegale e puoi farlo rimuovere inviando una richiesta all'autorità competente. Prima di aprire un account su una piattaforma qualsiasi, quindi, sii consapevole che una volta caricato qualcosa, difficilmente sarai in grado di controllarne la diffusione: a meno che qualcuno non se ne appropri indebitamente. Quindi rifletti bene prima di pubblicare contenuti online! Imposta un sistema che abbia come filtro la richiesta dell'utente legata alla spesa per accedere al tuo contenuto. In questo modo limiterai chiacchiere indesiderate e potrai sapere chi è a conoscenza della tua identità ottenendo allo stesso tempo un utile sulla visualizzazione del contenuto. Ricordati che per soddisfare la richiesta del tuo pubblico e avere

successo, non dovrai nasconderti: al contrario dovrai essere presente e mostrare la tua personalità! Nonostante tutti gli insulti e i commenti che potresti ricevere in pubblico, essi saranno comunque disposti a spendere più degli altri per sapere cosa fai!

Prendi decisioni sicure e definitive
Se deciderai di creare un account su OnlyFans, puoi scegliere come mostrare i tuoi contenuti. Se vuoi iniziare mostrando un contenuto piuttosto esplicito, ricorda che poi non potrai tornare indietro e ridurlo. Pertanto, dovresti decidere quale tipo di contenuto preferisci offrire. Inoltre, ricorda che la piattaforma non consente contenuti illegali o discussi quindi occhio e rispetta le regole! Per evitare di incorrere in problemi con le autorità, assicurati di essere sempre informato su tutte le normative vigenti. Un'altra buona idea è quella di controllare regolarmente il tuo contenuto per verificarne la qualità. Se i tuoi contenuti sono di qualità, le persone saranno più propense a donare o lasciarti una mancia. E quando lo faranno ricorda di ringraziarli!

Offri qualcosa di unico
Quando inizi ad utilizzare OnlyFans vorrai dare ai tuoi seguaci qualcosa di speciale ed esclusivo. Dovrai creare un contenuto creativo ed originale che sia percepito come qualcosa di unico da parte dei tuoi fan. Inoltre, cerca di postare video interessanti e divertenti per attirare più gente sul tuo profilo. Ci sono creator che guadagnano soldi postando solo foto dei loro piedi ma naturalmente questa non è la strada più facile. Nessuno può pensare di aprire un account e guadagnare €40.000 al mese senza fare nulla! E' necessario pubblicare contenuti interessanti per attirare nuovi utenti; se si condividono solo pochi contenuti nessuno vorrà iscriversi alla piattaforma. Pensaci bene, come ti comporteresti se collegandoti su Netflix o Amazon prime video trovassi dieci film? Non c'è motivazione per cui pagheresti un abbonamento mensile quindi è importantissimo pubblicare contenuti interessanti per mantenere vivo l'interesse degli utenti, soprattutto mettendo qualcosa di nuovo! Ogni tanto, e con intelligenza, stupire i tuoi fans sulla piattaforma può essere un modo per guadagnare di più e fidelizzarli. Può voler dire fare cose estreme come video con scene di sesso con il proprio ragazzo o giochi erotici anali, ma anche qualcosa di meno scandaloso. Dietro questi contenuti, devono essere inclusi anche alcuni fattori più intimi come storie personali e intimità per permettere all'utente medio di sentirsi considerato

membro di un club, di essere guardato negli occhi e di essere incluso in qualcosa privato. Per trasmettere davvero questa sensazione, cose come la location ed il vestito sono importanti quanto l'aspetto pulito del video. Ma non preoccuparti troppo degli stacchi e del montaggio, poiché l'ideale è mantenere la sensazione personale ed intima del video. Si tratta dell'esperienza che OnlyFans fornisce: un'esperienza personale, speciale e unica. Un cosplay particolarmente elaborato o un video registrato all'aperto da un luogo personale o significativo sono ottimi spunti. Anche la presenza di un ospite speciale (YouTuber o modella) può attirare l'attenzione nella tua pagina. E non dimenticare che prenderti in giro con ironia può essere divertente ed efficace: papere imbarazzanti, telefonate alla propria famiglia, scherzi... saranno ben apprezzati!

Non dimenticare che formare un rapporto costruttivo con i tuoi fan è essenziale per avere successo su OnlyFans! Quindi dimostra sempre rispetto verso di loro e offri scuse se qualcosa non va come previsto - ricordando comunque sempre di mantenere un tono amichevole ed umile nel fare cose di questo genere. Pubblicando ripetitivamente contenuti ben curati e coinvolgenti otterrai i successi promessi!

Inizia a creare una community di fan fedeli
Una volta creato ed organizzato il tuo profilo, non dimenticare di coinvolgere i tuoi follower direttamente su OnlyFans e sui tuoi canali social. Il modo migliore per farlo è quello di iniziare a condividere contenuti interattivi e rispondere alle domande dei fan. Inoltre, puoi effettuare delle dirette per interagire con loro e fare delle sfide creative. In questo modo, creerai una community di fan fedeli che supporteranno il tuo lavoro e la tua presenza online. Assicurati che i tuoi fan capiscano le regole e sii disponibile a parlare del più e del meno, sempre mantenendo le dovute distanze. Se qualcuno supera il limite della volgarità consentita o ti appare presuntuoso o aggressivo, fai attenzione a non lasciarti intimidire. Abbi cura dei tuoi fedeli fan che ti danno supporto ogni mese e cerca di dare loro priorità quando possibile, ma sempre senza essere discriminatorio nei confronti degli utenti più recenti.
Ecco alcuni consigli pratici:
- Rispondi alle domande dei fan nel minor tempo possibile;
- Non renderti ridicolo trattando i tuoi fan come se fossero stupidi e non usare sarcasmo;
- Sii chiaro ed informale su cosa puoi o non puoi fare;
- Mostra la tua vera personalità, ma evita nello specifico dettagli privati nella conversazione con i fan.

Il tuo obiettivo finale è trovare un equilibrio tra la promozione del tuo contenuto e il trattamento rispettoso dell'utente-cliente.

Crea contenuti in serie
Per rendere più divertenti le cose per i tuoi seguaci, potresti creare contenuti in serie da postare ogni settimana. Ciò comporta anche un maggiore impegno da parte tua, ma darà ai tuoi fan l'opportunità di aspettarsi qualcosa da te e rimanere aggiornati su cosa stai facendo.
Imposta sul tuo calendario una cadenza regolare che possa aiutarti a gestire meglio il tempo e, soprattutto, essere costante. È importante cercare di variare i temi abbastanza spesso per non annoiare i tuoi seguaci. Crea video interessanti, rispondi a domande e commenti, promuovi le tue creazioni: tutto questo può aumentare la tua popolarità sulla piattaforma! Evita di esagerare con la quantità di contenuti. Troppi video o foto al giorno non ti garantiranno una pagina di successo e rischieresti anche di stancarti o stancare i tuoi visitatori. Se hai intenzione di proporre contenuti a pagamento, scegli una strada: rendi frequenti contenuti semplici ma gratuiti (outfit del giorno, messaggio di testo, video brevi), intervallandoli da qualcosa più studiato e lungo che abbia valore aggiunto nelle mente dell'utente. Offrendo un servizio ottimo, i fan saranno più propensi a investire nella tua pagina.

Mantieniti aggiornato sulle nuove funzionalità di OnlyFans

OF aggiunge costantemente nuove funzionalità interessanti che possono aumentare la tua attività sulla piattaforma. Pertanto, assicurati di iscriverti regolarmente alla newsletter o seguire le notizie relative solo a OnlyFans per rimanere aggiornato sulle nuove funzionalità disponibili e aggiorna di conseguenza anche i tuoi fan. Inoltre, tieni d'occhio i nuovi trend in termini di contenuti e sii pronto ad abbracciarli.

Sfrutta l'intelligenza artificiale per aumentare la visibilità
L'intelligenza artificiale può essere davvero utile quando si tratta di promuovere i tuoi contenuti su OnlyFans. Puoi utilizzare strumenti di intelligenza artificiale come le chatbot per aumentare la visibilità del tuo profilo, rispondere alle domande dei fan e persino promuovere gli aggiornamenti. L'IA può anche aiutarti a monitorare le statistiche dei tuoi seguaci e a raggiungere i nuovi utenti.
Utilizza tutti i tool messi a disposizione dall'intelligenza artificiale, visita la pagina di ChatGPT e inizia attraverso domande specifiche a conoscere come utilizzare le funzionalità per aumentare la visibilità del tuo profilo.
Esistono diverse estensioni per Chrome che possono aiutarti a eseguire ricerche, inviare messaggi automaticamente e generare contenuti di qualità.
Riassumendo l'utilizzo dell'intelligenza artificiale per aumentare i follower può essere fatto attraverso diverse strategie, come:

- Analisi del pubblico di riferimento: l'IA può aiutare a comprendere i gusti e i comportamenti del pubblico target, consentendo di creare contenuti più rilevanti e di conseguenza attrarre nuovi seguaci.
- Ottimizzazione delle parole chiave: l'IA può analizzare i trend e le parole chiave più popolari nel proprio settore e aiutare a ottimizzare i post per i motori di ricerca, aumentando la visibilità e attirando nuovi follower.
- Automatizzazione della pubblicazione: l'IA può essere utilizzata per programmare e automatizzare la pubblicazione di post, assicurando una presenza costante sulle piattaforme di social media e mantenendo l'interesse del pubblico.
- Chatbot: l'IA può essere utilizzata per creare chatbot che interagiscano con i follower e rispondano alle loro domande, migliorando l'engagement e aumentando la fidelizzazione.

È importante tenere presente che l'utilizzo dell'IA non garantisce automaticamente il successo e che deve essere accompagnato da una strategia di marketing ben pianificata e da una attenta analisi dei risultati.
Idee per i tuoi contenuti, testi, video, foto e molto altro possono darti un vantaggio competitivo importante e quindi non devi assolutamente

considerare questa possibilità come un'opportunità da non sfruttare. Seguendo dei semplici tutorial sull'utilizzo di questi strumenti di intelligenza artificiale, otterrai un risultato migliore nell'utilizzo di OnlyFans.

Utilizza i social media in modo strategico
I social media possono essere utilizzati in modo strategico per promuovere i tuoi contenuti su OnlyFans. Puoi iniziare a creare dei post mirati condividendo un link al tuo account OF e invitando le persone a unirsi. Non dimenticare di utilizzare hashtag pertinenti in modo da aumentare la visibilità del tuo profilo. Inoltre, puoi sfruttare l'efficacia della pubblicità sui social media per promuovere ancora di più il tuo profilo. Puoi anche creare una pagina Facebook e un profilo Instagram dedicati al tuo lavoro su OnlyFans per aumentare la tua visibilità. OF non è come Instagram: quando apri un account, gli utenti non potranno trovarti scorrendo tra migliaia di foto. Per farti trovare dovrai fornire un link. Se non darai il vostro link attraverso altri social, messaggi o post, nessuno potrà trovati. Quindi bisogna pubblicizzarsi: Twitter è tra i migliori perchè permette di caricare video ed evitare di essere bannati da altri social come Instagram, TikTok o Facebook. Inoltre si può usare Reddit, Telegram e anche creare siti personalizzati che mettano insieme diversi link.

Investi nelle tue competenze e nella formazione
Se stai leggendo questo libro sicuramente non ti servirà questo consiglio. Da sempre la chiave per il

successo su OnlyFans è impegnarsi a fondo in questa impresa. Se vuoi diventare un creatore di contenuti di successo, devi investire nella tua formazione e competenze. Prova a guardare video tutorial o partecipare ai corsi online per apprendere le migliori pratiche di creazione dei contenuti, come gestire un account OF, promuovere i tuoi prodotti e lavorare con influencer. Quando hai una solida formazione, sarai in grado di creare contenuti di qualità e sfruttare al meglio le opportunità che OnlyFans ti offre. Investi i primi ricavi della piattaforma in una buona formazione allora otterrai dei risultati migliori.

Prendi spunto da altri creator e sii te stesso
Se vuoi monetizzare con OnlyFans, devi sapere come differenziare la tua offerta dai contenuti di altri Creatori. Prendere spunto da altri è un ottimo modo per trovare nuove idee: iscriviti ai profili gratuiti di altri Creator e scoprirai contenuti interessanti da citare o riprodurre. Oltre alle iscrizioni, le persone potranno pagarti direttamente inviando un messaggio privato con il tuo contenuto bloccato. Quindi non esitare a mostrare parte del tuo video o delle tue foto come anteprima, in modo che i tuoi utenti possano decidere se acquistarlo. Ricorda che più creative saranno le tue idee e maggiore sarà il tuo guadagno! Sii te stesso, questa è l'unica strada per il successo. Su questa piattaforma, non ha senso fingere di essere qualcosa che non si è. Mettersi in mostra con la propria personalità può sembrare banale ma, non lo è affatto. Anche se l'idea di indossare abiti stravaganti

o simulare orgasmi potrebbe sembrare attraente, è importante concentrarsi su ciò che si ama veramente. Che sia lingerie classica o habitat naturali, un orgasmo realistico o silenzioso o nudo totale, solo sperimentando i propri limiti e le proprie debolezze possiamo raggiungere la vera soddisfazione personale su OnlyFans. Per concludere essere se stessi su questa piattaforma non significa mostrare solo il proprio lato più sexy. Significa essere autentici, mettendo in mostra la propria personalità senza vergognarsi di rivelare le proprie debolezze o i propri limiti. I tuoi fan ti apprezzeranno molto di più se riuscirai ad offrire un'esperienza che si avvicini alla tua realtà, piuttosto che fingere di essere qualcosa che non sei. L'importante è mantenere lo spirito divertente e ricordarsi sempre che il vero successo sta nell'ottenere fan affezionati che continuano a seguirti e sostenerti nel tempo!

Utilizza bene gli sconti e attrai nuovi utenti
Se offrirai un contenuto gratuito su OnlyFans e un contenuto simile a pagamento, considera di fornire degli sconti. Potrai anche inviare messaggi segreti relativi al contenuto a pagamento con cui i tuoi abbonati potranno interagire, ma sulla tua bacheca saranno visibili a tutti gli iscritti. In questo modo anche coloro che non hanno sottoscritto l'abbonamento avranno la possibilità di vedere qualcosa e magari interessarsi in futuro all'acquisto. Inoltre, gli sconti sono un ottimo modo per attirare l'attenzione dei nuovi utenti e renderli interessati a sottoscrivere il tuo abbonamento.

Imposta un prezzo e non cambiarlo
Assicurati di non cambiare mai il prezzo dell'abbonamento. Se sceglierai la funzione di rinnovo automatico, dovrai ricordarti che i tuoi follower saranno costantemente addebitati sul loro conto bancario e se deciderai di cambiare il prezzo, dovranno manualmente autorizzare nuovamente l'addebito. Per questo motivo è bene scegliere fin da subito un prezzo definitivo e non modificarlo più. Valuta attentamente le tue opzioni e scegli un prezzo che non svaluti il tuo lavoro ma che al tempo stesso non appesantisca troppo i tuoi fan potenziali. Per iniziare, fissare una soglia di 4,99 dollari può essere una buona idea. Man mano che acquisirai più fan, puoi sempre alzare le tariffe fino a raggiungere un massimo di 9,99 dollari; tieni presente però che alcune persone possono essere disposte a spendere molto di più solo se riconoscono un nome celebre. Potresti considerare l'opzione "tutto compreso del

prezzo". Offrire qualcosa in più a chi ha già pagato può avere numerosi vantaggi se il tuo obiettivo è quello di specializzarti in un solo tipo di contenuto. In questo modo, i tuoi fan sapranno sempre cosa aspettarsi da te e possono scoprire tutti i contenuti presenti nel tuo profilo immediatamente dopo la sottoscrizione. Potresti anche monetizzare altri servizi per attirare nuovi iscritti e far sentire i fan più speciale offrendo contenuti esclusivi ed extra che hanno un costo aggiuntivo. Puoi pensare, ad esempio, di pubblicare foto e brevi video due volte alla settimana nella tua pagina con un prezzo fisso al mese mentre rendere disponibili video più lunghi o contenuti espliciti con l'aggiunta di un prezzo supplementare. In definitiva quando selezioni un prezzo per i tuoi prodotti, assicurati di non cambiarlo nel tempo in modo da non disorientare la clientela. Alcune persone guadagnano €200-300 al mese, altre addirittura €5000 o €50.000 al mese; tutto dipende da quanto tempo, contenuto investito e notorietà avrai raggiunto nella piattaforma.

Sfrutta la Wishlist di Amazon
Per ricevere pagamenti è necessario avere un conto bancario con un BIC ed IBAN. Questi sono basilari per poter inviare e ricevere denaro. Non è possibile utilizzare PayPal o altre piattaforme che non abbiano di base i codici BIC ed IBAN. Una volta iscritto alla piattaforma, si viene informati su quali modalità di pagamento sono disponibili, oltre alle solite carte di credito c'è anche la possibilità che scopriate metodi completamente nuovi, una di queste è attraverso la wishlist di Amazon. Moltissimi creator sottovalutano l'importanza di pensare a modi innovativi per fidelizzare i loro fan. Utilizzare il proprio account OnlyFans per guadagnare attraverso le sottoscrizioni e contenuti a pagamento, ma anche un contenuto di valore come le wishlist può consentirti di portare a casa buoni risultati. Amazon, ad esempio, consente la creazione di una wishlist pubblicabile sulla tua pagina o profili social. Prometti un video personalizzato in cambio a chiunque acquisterà qualcosa da essa: così gli offri l'opportunità di vederti indossare qualcosa scelto da loro ovviamente tutto eseguito in sicurezza secondo la privacy - né Amazon né altri siti pubblicheranno mai informazioni relative al vostro indirizzo. Nella lista fai rientrare soprattutto articoli identificabili come sexy: completi intimi, vestiti, accessori particolari e costumi. Ma non solo: inserisci anche cose che ti piacciono e che desideri realmente avere. Un video personalizzato con dedica ridefinirà la tua relazione con i fan e li porterà a tornare spesso alla

tua wishlist! Concediti la possibilità di esplorare nuovi contesti che magari neanche ti eri immaginato di usufruire... Lingerie bizzarre, bikini striminziti, costumi vintage? Potresti sorprenderti!

Varia i contenuti e crea descrizioni piccanti
Per raggiungere l'obiettivo di cogliere l'interessare del tuo pubblico, pubblica contenuti che siano diversi e interessanti, dalle foto a didascalie accattivanti. Inoltre, se pubblichi contenuti a pagamento, assicurati di fornire una descrizione piccante e intrigante che possa fungere da promemoria per i tuoi utenti. In questo modo aumenterai le probabilità che i tuoi contenuti vengano acquistati. La descrizione di un contenuto anticipa cosa la persona potrà vedere e stuzzicherà il loro interesse. Seleziona un giorno della settimana in cui postare qualcosa per aumentare la frequenza dei post e mantenere attiva la tua presenza. Per coinvolgere maggiormente i tuoi followers usa l'opzione di selezionare tutti gli utenti (nel caso in cui non ne abbia troppi) oppure invia messaggi privati individualmente.

Utilizza le liste in modo intelligente
Per coinvolgere in modo più personale i tuoi followers, crea delle liste a seconda della lingua: ad esempio una per italiani e una per stranieri. Scegli la lista corretta quando invii messaggi o offri contenuti in modo da raggiungere le persone nel loro idioma. Creare queste liste aiuterà anche a monitorare chi compra i contenuti e chi non ha ancora preso parte al tuo business. Seleziona attentamente coloro che riceveranno contenuti indirizzati specificatamente a loro per trasmettere loro la sensazione di sentirsi considerati. Per raggiungere più persone, scrivi in entrambe le lingue italiano ed inglese. Per creare un'esperienza ricca e coinvolgente, punta a pubblicare materiale gratuito almeno una volta ogni due giorni (foto con testo bilingue o piccoli video con traduzione in inglese) accompagnato da video più lunghi ed esclusivi (che richiedono pagamento extra rispetto alla quota mensile) almeno una volta ogni due settimane.

Ricorda di diversificare e focalizzarti sulla qualità
Quando si creano contenuti per OnlyFans, è importante pensare in grande. Molti Creatori hanno guadagnato più denaro offrendo un assortimento di contenuti diversi piuttosto che cercare di perfezionare un solo argomento. Esplora le tue idee creative e non avere paura di sperimentare. Inoltre, ricorda che la qualità del tuo contenuto aiuta a mantenere soddisfatti i tuoi follower e a convertirli in acquirenti. Quindi assicurati di essere sempre creativo, veloce ed efficiente nel creare contenuti unici per OnlyFans che possano attirare l'attenzione dei tuoi seguaci. Al fine di stuzzicare la curiosità sia degli uomini che delle donne, proponi contenuti diversi quali giochi e foto differenti ed interessanti. Per le donne è più semplice variare i loro contenuti in modo da variegare l'interesse della loro audience. Ma non dimenticare di offrire anche ai tuoi seguaci maschi contenuti che possano essere accattivanti come giochi ed immagini piccanti.

Spamma il tuo profilo ed instaura delle collaborazioni

Se sei interessato a guadagnare da piattaforme come Instagram, cerca di sponsorizzarti con altri creator, utilizzando anche il tuo profilo principale. Di qualunque sesso sia, trova le pagine e i canali migliori che sponsorizzano gratuitamente o a pagamento. Tuttavia, ricorda che un fan non può accettare più di tre sponsorizzazioni al giorno. Assicurati inoltre di aggiungere l'hashtag ogni volta che pubblichi contenuti sui social media in modo da raggiungere più persone. Evita di postare lo stesso contenuto su tutti i social media, poiché ognuno ha caratteristiche proprie che richiedono approcci differenti. Ad esempio, Instagram è perfetto per parlare di moda, alimentazione, make up e fitness. Le storie sono un ottimo strumento per esprimere ciò che più ti sta a cuore e ricevere feedback immediati da chi ti segue. Non partire subito con la vendita di prodotti promozionali: fai conoscere invece la tua personalità e stile, e i contatti arriveranno automaticamente se fai un buon lavoro. Non solo i grandi marchi hanno bisogno di promozione sui social media! Ci sono moltissimi piccoli marchi italiani che producono prodotti eccellenti e sarebbero felici di usufruire della tua collaborazione. Anche le palestre e negozi sotto casa cercano delle persone come te per promuovere prodotti o offerte speciali... Unisciti a loro e diventa l'influencer che desideravi essere!

Attenzione ad utilizzare gli strumenti giusti

Quando crei contenuti, assicurati di seguire le regole e di non usare frutta o qualsiasi altro oggetto non progettato specificamente per scopi sessuali. Se deciderai di creare contenuti hard dovrai avere a disposizioni tanti sex toys da poter utilizzare sempre con un attenzione particolare alle richieste ed agli strumenti. Avvia delle collaborazioni con aziende che producono questo genere di strumenti per ampliare i tuoi guadagni attraverso gli acquisti degli utenti che ti seguono. Assicurati di ricercare i negozi più convenienti e con le migliori recensioni in modo da non incorrere in spese eccessive o acquistare articoli scadenti. Attenzione nel leggete attentamente tutte le regole fornite dalla piattaforma. Se necessario, fatevi aiutare da qualcuno per tradurre queste regole.

Infine, ricorda di chiedere sempre ai tuoi seguaci cosa vorrebbero vedere su OnlyFans. Ascoltali e fai del tuo meglio per soddisfare le loro aspettative con costanza ed entusiasmo. Sei tu a creare il contenuto e dai un tocco personale, ma è anche importante tener conto delle opinioni della tua fanbase. In questo modo puoi garantire loro un'esperienza di qualità.

Sii coerente con i tuoi obiettivi

Ricorda che le cose più incredibili possono succedere. Ci sono uomini che pagano le donne solo per guardarle fumare, persone che amano i piedi o altre peculiarità. Se ti venissero fatte richieste strane, dii semplicemente no! Se non ti interessa.

Esistono anche molte ragazze che guadagnano mostrando il loro corpo; tuttavia, si tratta di persone spesso molto ben note su altri social network. I tuoi follower probabilmente saranno tanti uomini più grandi di te. Tuttavia, su Instagram, avrai anche interazioni con donne che potrebbero essere attratte a partecipare alle tue campagne promozionali usando i tuoi codici coupon o link di riferimento. Quando pubblichi su questi argomenti importanti, non sottovalutarli o scrivere banalità; se non hai conoscenze a riguardo, meglio tacere. Se qualcuno fa richieste più particolari, decidete sin dall'inizio come comportarvi e le persone inizieranno a capire da sole la tipologia del contenuto offerto. Non mentire mai sul contenuto della tua piattaforma OnlyFans e non promettere ciò che non farai. La crescita di OnlyFans ha attirato centinaia e centinaia di stelle della televisione, social media, musica e altri che cercavano facili guadagni e pubblicità. Tuttavia, molte delle persone che si sono iscritte non hanno mantenuto le loro promesse o hanno preso in giro l'utente offrendo contenuti poveri rispetto a quanto promesso. Per questo motivo, è importante che chiunque crei contenuti per OnlyFans ricordi di essere onesto ed eviti di promettere cose che non potrà mai mantenere. Se inviti i tuoi fan ad apprezzare video e immagini esplicite, devi essere sicuro di pubblicare contenuti adeguati alla descrizione; lo stesso vale per tutti i tipi di contenuti che offri. Nonostante l'obiettivo sia quello di generare guadagni facili, è importante sempre mantenere la propria integrità nel trattare con i fan. Pertanto, se desideri avere successo su

OnlyFans è essenziale offrire solo ciò che viene promesso. Ricordati inoltre di essere consapevole del tuo corpo e delle tue limitazioni. Se non sei a tuo agio con l'esibizione di tutto il corpo tieni presente che si può comunque guadagnare su OnlyFans anche senza essere completamente nudi! Vivi ogni esperienza con positività e non permettete a nessuno di farti sentire inferiore o intimidirti verbalmente. OF può essere un'opportunità per raggiungere obiettivi ma non dev'essere un peso; anzi, deve accentuare le tue potenzialità! Se arriverai a capire che la tua strada è altrove, non avere paura di inseguirla.

Collabora con altri creator in sicurezza
Se crei contenuti da solo, non ci sono problemi. Ma se devi apportare delle modifiche coinvolgendo altre persone, assicurati che abbiano un account OnlyFans e che siano taggati nei video. Non mettere le persone non taggate altrimenti il contenuto verrà rimosso o l'account potrebbe essere bloccato. Ricordatt che pubblicare materiale su una piattaforma a pagamento senza l'autorizzazione della persona interessata è illegale e può portare a conseguenze gravi. Quando prendi in considerazione collaborazioni con altri utenti, scegli bene con chi lavori per evitare di perdere denaro o tempo prezioso. Prima di iniziare le sessioni di produzione foto o video, chiedi all'altra parte di firmare i documenti necessari per evitare problemi in futuro. L'ideale sarebbe scegliere qualcuno con una fanbase simile alla tua - guarda solo che la pagina sia ben attiva e abbia più follower della tua. Un contenuto collaborativo apparirà su entrambe le pagine ed è un ottimo modo per introdurre nuovi seguaci nel tuo profilo Onlyfans. Una volta che la situazione lo consentirà, potresti organizzare delle uscite con i creator con cui stai collaborando e registrare dei brevi video per far aumentare i tuoi numeri alle stelle. Anche se non pubblicherai attività sessuali (anche se certo aiuterebbe!), potresti chiacchierare del più e del meno, accompagnando il tutto con qualche allusione piccante e riferimento sessuale. Fra novità creative e promozione su altri social media, entrambi beneficerete della collaborazione! Ma ricordati che l'aspetto principale

è sempre la qualità dei tuoi contenuti, solo questo attirerà nuovi fan.

Utilizza Messaggi automatici per fidelizzare i tuoi fan
Creare un messaggio automatico quando qualcuno si iscrive è un modo per accogliere i tuoi nuovi fan. Aggiungi foto, video o contenuti digitali con informazioni sul servizio che stai offrendo. Spiega al fan che si è appena iscritto cosa può trovare o richiedere inviando loro anche degli esempi del tipo di contenuto che offrite. È importante ricordare che il fan che oggi ti offre solo un euro potrebbe essere quello in grado di dartene mille per contenuti speciali. Quindi, non trascurare mai i tuoi sottoscrittori più fedeli, perché sono sempre la base della tua fonte di reddito mensile.
Imposta dei messaggi automatici se rimarrai inattivo per diverso tempo o se stai vivendo un momento difficile.

Condividi il tuo profilo continuamente
Per guadagnare su OnlyFans, devi avere qualcosa in più. Devi 'spammare' il tuo profilo per farti trovare e notare dai fan. Una volta che hanno trovato il tuo account, devi assicurarti che siano soddisfatti del contenuto che hai caricato o rischi di perderli dopo pochi giorni. Se piace quello che offri, i fan rimarranno e ne arriveranno di nuovi; così crescerai gradualmente come creatore di contenuti su OnlyFans.

Utilizza tutti i social media a tua disposizione per promuovere il tuo profilo. Ci sono molti siti di condivisione che puoi usare per migliorare la tua visibilità e farti conoscere dai fan, come Instagram, Twitter, TikTok, YouTube e molto altro. Se hai un sito web personale, assicurati di mettere in evidenza il tuo profilo OnlyFans nelle pagine e nella home page del tuo sito web, aggiungendo persino un banner per invitare i fan a sottoscrivere il tuo account.

Crea la tua strategia di marketing
Infine, quando avrai iniziato a creare i primi contenuti su OnlyFans, sarà il momento di completare la tua strategia di marketing. Puoi farlo pianificando alcune attività promozionali settimanali, incorporando l'uso dei social media nella tua strategia e utilizzando la pubblicità per aumentare la visibilità del tuo profilo. Queste sono solo alcune delle tattiche che puoi usare per promuovere i tuoi contenuti. Assicurati di avere un buon numero di follower su Instagram, in modo da poter pubblicizzare il tuo contenuto su OnlyFans. Utilizza anche canali come Twitter, Reddit e altri forum di discussione per promuovere il tuo contenuto. Inoltre, assicurati di postare frequentemente aggiornamenti interessanti sul tuo account OF in modo da mantenere i fan coinvolti. Scrivi articoli informativi sul tuo sito web o su altri blog in modo da portare le persone al tuo account. Puoi anche utilizzare gli annunci di Facebook e Google Ads per aumentare la visibilità del tuo contenuto. In definitiva, creare un profilo su OnlyFans può essere un'esperienza gratificante se la gestisci e promuovi correttamente. Ricorda che la chiave per aumentare i tuoi follower è quella di creare contenuti originali ed esclusivi, coinvolgere direttamente i tuoi fan e mantenerti aggiornato sugli ultimi strumenti offerti da questa incredibile piattaforma.
Se seguirai queste linee guida, avrai presto una fanbase affiatata ed in crescita!

Spero che questo libro ti abbia aiutato a capire come puoi diventare un creatore di contenuti su OnlyFans e iniziare a guadagnare soldi in modo costante.

Spero che la lettura ti abbia tenuto incollato alle pagine, e se ci sono aspetti che non ti hanno convinto, o che pensi possano essere migliorati, ti prego di farmelo sapere nella tua recensione. Grazie ancora per aver letto il mio libro e per la tua recensione sincera. Apprezzo molto il tuo contributo al mio percorso di scrittura e spero che ti possa aiutare a diventare una persona di successo.

Buona Fortuna!

www.ingramcontent.com/pod-product-compliance
Lightning Source LLC
Chambersburg PA
CBHW070321220526
45465CB00013B/2074